Carnet Magique

...Ou les petits mots du Bonheur...

Lydia MONTIGNY

Carnet Magique

... ou les petits mots du Bonheur...

Mentions légales

© 2021 Lydia MONTIGNY

Édition : BoD – Books on Demand,
12/14 rond-point des Champs-Élysées, 75008 Paris
Impression : BoD - Books on Demand, Norderstedt, Allemagne

ISBN : 978-2-3223-8038-1
Dépôt légal : Août 2021

Ce petit Carnet Magique vous permettra de noter les instants précieux, les découvertes, les joies, les surprises, les petites citations inventées, les réflexions d'un instant, les souvenirs, et les moments merveilleux de la Vie

Ces pages sont à vous, prêtes à accueillir votre Bonheur !...

Relisez à présent votre Carnet, et toute sa Magie opèrera....